Empreendedorismo para Crianças

Anthony Barrios

Copyright © 2022 Anthony Barrios

Todos os direitos reservados
ISBN: 9798357448002

AGRADECIMENTO

Quero agradecer à minha família e amigos pelo apoio e ensinamentos.

Alice estava passeando no parque com seu cachorro Skippy, que a seguia furtivamente por toda parte. Sentada em um banco do parque, ela estava pensando em como usar seu tempo livre.

Ela se lembrou do que seu pai, um executivo de negócios que trabalhava em uma empresa importante dos produtos alimentício, lhe disse.

Seu pai contou-lhe sua história de como ele vendia jornais quando criança e essa experiência o ajudou a desenvolver suas habilidades de atendimento ao cliente.

Portanto, ele aconselhou-a que seria bom para ela começar seu pequeno negócio.

Então, Alice decidiu montar um posto de limonada que ela pensou que poderia ajudá-la a ganhar habilidades práticas de negócios durante suas férias.

Ela pediu um empréstimo para a mãe por 20 USD e começou seu negócio.

Ela lembrou do conselho de seu pai que os três aspectos importantes de um negócio que ela deveria atender eram produção, marketing e finanças, e ela começou seu plano nessas áreas.

- **Produção.**

Ela comprava **água pura, açúcar** e **limones** do supermercado perto de sua casa e trazia os seguintes produtos:

Matérias-primas

1. **20 litros de água:** Com 6 dólares, ela comprou 20 litros de água. O custo de um litro de água seria: 1liter/20 litros *6 = **30 centavos por litro de água.**

2.**Limões**: Com 1 dólar, ela comprou 10 limões. O custo para um limão seria:

1/10 * 1 = 10 centavos por limão.

Limões

3. **Açúcar**: Com $1,50, ela comprou um quilo de açúcar. O custo de 100 gramas de açúcar seria:

100/1000 * 1,50 = **15 centavos por 100 gramas de açúcar.**

Açúcar

4. **Copos**: Com dois dólares, ela compraria 100 copos e suas tampas de 250 mililitros. O custo de um copo seria:

1/100 * 2 =

2 centavos por copo

Copos

Trabalho:

Não tem custo por enquanto, porque seria ela mesma.

Máquinas

Inicialmente, o processo seria manual.

Para um litro de limonada ela usaria o seguinte:

- 3 limões: 3 limões x 10 centavos = 30 centavos.
- 1 litro de água: 30 centavos de acordo com o cálculo que ela fez anteriormente.

- 100 gramas de açúcar: 15 centavos
- Copos = 8 centavos (4 copos de 250 mililitros faz um litro).

Assim, o custo é produzido por litro de limonada seria:

Custo de produção por um litro.

Limões: 30 centavos

Água: 30 centavos

Açúcar = 15 centavos

Copo = 8 centavos

Adicionar os custos de limões, água, açúcar e copo.

Total = 30 +30+15+8

Total =83 centavos por litro de limonada ou 83 centavos por 4 copos de limonada de 250 ml.

Ou seja, o custo de um copo de limonada de 250 ml seria:

83/4 = 20,75 ou 21 centavos.

- **Marketing**

Seu pai mencionou a ela que o mix de Marketing era o preço, o produto, promoções e distribuição. No caso de su negócio de limonada seria:

Preço = Ela decidiu colocar um preço de 50 centavos porque na loja do seu bairro, o preço da limonada era de 75 centavos e também com 50 centavos recupera seu custo de produção de 21 centavos por copo.

Produto: Limonada em copo de 250 ml.

Distribuição: Contato direto com o cliente por enquanto.

Publicidade: Ela vai começar sua publicidade nas redes sociais.

Marketing Mix

- **Finanças**

Alice determinou que quer ganhar 25 dólares por semana.

Quantas limonadas devo vender, Alice pensou?

O pai dele ensinou-lhe a seguinte fórmula.

Lucros = Renda menos Custo.

Lucro = Preço de Venda * Quantidade - Custo de Produção * Quantidade

x é a quantidade de limonadas para vender.

$25 = 0{,}50\,x - 0{,}21\,x$

$25 = 0{,}29x$

$x = 25/0{,}29$

$x = 86$ limonadas por semana.

Além disso, seu pai o ajudou com as exigências e licenças solicitadas pelas autoridades para poder vender a limonada ao público.

Alice começou seu pequeno negócio e, para sua surpresa, vendeu 150 limonadas em sua primeira semana. Ela acha que foi ajudada pelo sabor de limão que usou e pelo post nas redes sociais que fez no Instagram. Ela ganhou $43,50 contra os $25 que esperava.

O cálculo dos $43,50 é o seguinte:

0,29 * 150=$43,50.

Ela contou ao pai sobre os resultados da primeira semana em seu pequeno negócio e ele a parabenizou pelo esforço no empreendimento.

Alice disse a ele que já tem planos de melhorar seu processo de produção para torná-lo mais eficiente e melhorar a qualidade do açúcar. Além disso, ela planeja usar mais redes sociais para promover sua limonada.

O pai dela sorriu e a abraçou. Eles caminharam até o parque para passear skippy, seu cão, discutindo planos futuros para o posto de limonada.

Parque que Alice vai passear com seu cachorro Skippy.

Ilustrações

Figura Marketing por ryanvanetten sob licença CC BY 2.0.

Figura Finanças por Got Credit sob licença CC BY 2.0.

Limões por Sylvielena sob licença CC BY - ND 2.0.

O açúcar é listado por zimpenfish sob licença CC BY 2.0.

Figura Parque por Terry Goodyer sob licença CC BY 2.0.

Figura de copo por Constanza CH sob licença CC BY 2.0.

Autor

O autor é graduado com Master of Business Administration (MBA) e Bacharel em Engenharia. Ele trabalhou por mais de 20 anos em empresas multinacionais em diferentes países, incluindo Estados Unidos, América Central e Brasil.

www.ingramcontent.com/pod-product-compliance
Lightning Source LLC
Chambersburg PA
CBHW030518220526
45464CB00006B/2845